W0049209

VEGGIE BBQ

DAS VEGETARISCHE GRILLBUCH

VEGGIE BBQ

DAS VEGETARISCHE GRILLBUCH

Guido Gravelius

Fotos von Kay Johannsen

INHALTSVERZEICHNIS

GRILLIN' FOR COMPLIMENTS ODER: WENN DIE WÜRSTCHENGRILLER AUSSTERBEN

Kam man als Vegetarier früher auf eine Grillparty, musste man von Glück reden, wenn es noch einen zweiten Leidensgenossen gab. Dann teilte man sich glücklich das Gemüsepäckchen (das man selbstverständlich mitgebracht hatte) und trank aus lauter Verzweiflung mindestens drei Bier zu viel.

Heute geht es den Würstchengrillern so – allein oder zu weit stehen sie am Rand, Würstchen mitzubringen haben sie vergessen, doch nach dem zweiten Bier werden sie so mutig, sich zu uns zu gesellen. Und wetten: Die zwei Würstchen schreien beim nächsten Grillfest ganz laut nach dem Auberginen-Burger mit dem feinen Limetten-Basilikum-Pesto und kriegen sich gar nicht mehr ein vor Begeisterung, wenn sie an die Tandoorispieße aus Blumenkohl denken.

So läuft's heute! Was ein Glück!

Lasst euch beim Grillen mit Komplimenten überhäufen. Denn hier wird das vegetarische Grillen so logisch dekliniert, dass sich die Frage nach Fleisch oder Fisch niemandem mehr stellt.

Dips und Marinaden sind die Grundsteine des vegetarischen Grillens. Gesunde Öle, frische Kräuter und feine Saaten und Samen geben Geschmack und ermöglichen eine unglaubliche Vielfalt. Zucchini, Auberginen, Blumenkohl, Tofu und Käse lassen sich einlegen oder frisch vom Grill mit leckeren Saucen beträufelt servieren.

Salate sind längst mehr als langweilige Beilagen. Unsere Salate kommen daher direkt vom Grill, knusprig gegrilltes Gemüse mit feinen Vinaigrettes oder aromatischen Saucen … Mmmmjammi!

Und die Burger! Oh! Mein! Gott! Was sich alles zwischen zwei Brötchenhälften oder auf einer knusprigen Schnitte gut macht! Käse schmilzt, Falafel werden knusprig, Knoblauch aromatisiert und säuerliche Pickels sorgen für den Frischekick.

Spieße sind wahrscheinlich das kollektive Trauma aller Vegetarier. Denn neben den Gemüsepäckchen war es früher das einzige, was uns am Grill blieb. Aber dieses Trauma werdet ihr nach der Lektüre dieses Buches endgültig verarbeitet haben! Denn jetzt gibt es Pflaumen-Brokkoli-Spieße, Seitanyakitori und Blumenkohl-Tandoori-Spieße.

Und natürlich gibt's auch leckeren Nachtisch. Fruchtiger Crumble, erfrischende Melone und knatschsüße Marshmallows. Was will man mehr?!

Wenn sich jetzt noch jemand den Grillabend schön trinken muss – dann weiß ich auch nicht mehr!

Viel Spaß, Euer Guido

SAUCEN, MARINADEN UND DIPS

SESAMMARINADE
MIT BASILIKUM UND MINZE

FÜR CA. 200 ML

1 EL Sesamsaat
150 ml Olivenöl
2 EL Honig
2 kleine reife Zitronen
1 kleiner Bund Basilikum
10 Minzblätter
Salz
Pfeffer

ZUBEREITUNGSZEIT

ca. 10 Minuten

TIPP

Die Marinade eignet sich besonders
gut für dünne, gegrillte Zucchini-
oder Auberginenscheiben.

ZUBEREITUNG

1 – Die Sesamsaat in einer Pfanne ohne Fett goldbraun anrösten. Dann mit Olivenöl, Honig und
Zitronen in ein hohes Gefäß geben.

2 – Basilikum waschen, trocken schütteln und die
Blätter abzupfen. Zusammen mit den Minzblättern
dazugeben und alles mit dem Stabmixer fein pürieren. Die Marinade mit Salz und Pfeffer würzen.

PONZU

FÜR 250 ML

60 ml süßer Reiswein (Mirin)
2 EL brauner Zucker
100 ml Sojasauce
50 ml frisch gepresster Orangensaft
50 ml frisch gepresster Limettensaft
abgeriebene Schale von 1 Limette

ZUBEREITUNGSZEIT

ca. 15 Minuten

TIPP

Ponzu eignet sich als Marinade
oder Dip z. B. für Tofu oder
asiatisches Grillgemüse.

ZUBEREITUNG

1 – Den Reiswein aufkochen und den braunen
Zucker darin auflösen. Die übrigen Zutaten zugeben und alles miteinander verrühren.

2 – In ein Schraubglas füllen und bis zur Verwendung kühl stellen.

WASSERMELONEN-PFIRSICH-PICKLES

FÜR 4 PERSONEN

40 g junger Ingwer
1 kleiner roter Chili
½ EL Senfkörner
60 g Obstessig
200 ml klarer Apfelsaft
2 EL Blütenhonig
200 g Gartengurke
1 Pfirsich
400 g Wassermelone ohne Schale
1 kleiner Bund Dill
Salz

ZUBEREITUNGSZEIT

ca. 25 Minuten

ZUBEREITUNG

1 – Ingwer schälen und sehr fein hacken. Chili der Länge nach halbieren. Senfkörner in einer Pfanne ohne Fett anrösten, bis sie anfangen zu hüpfen. Obstessig mit Apfelsaft, Blütenhonig, gehacktem Ingwer, Chili und den gerösteten Senfkörnern in einen Topf geben. Alles aufkochen und 10 Minuten bei mittlerer Temperatur köcheln lassen.

2 – Die Gurke schälen, der Länge nach halbieren und die Kerne mit einem Löffel herauskratzen. Die Gurkenhälften in etwa 1 cm große Würfel schneiden. Pfirsich halbieren und den Stein entfernen. Pfirsichhälften und Wassermelone ebenfalls in 1 cm große Würfel schneiden. Die Würfel miteinander vermischen und portionsweise jeweils für 1 Minute in den kochenden Sud geben. Herausnehmen und in ein Schraubglas füllen.

3 – Sud um die Hälfte einkochen. Dill fein schneiden, in den Sud geben und diesen dann in das Glas füllen. Mit dem Deckel schließen.

BBQ-SAUCE MIT MALZBIER

FÜR CA. 450 ML

2 mittelgroße Zwiebeln
2 Knoblauchzehen
3 EL Öl
1 Sternanis
1 Zimtstange
1 EL scharfes Paprikapulver
1 TL Chiliflocken
400 ml Malzbier
1 EL Honig
100 ml Tomatenketchup
Saft von 1 Limette
Hickory-Rauchsalz
frisch gemahlener Pfeffer

ZUBEREITUNGSZEIT

ca. 35 Minuten

ZUBEREITUNG

1 – Zwiebeln schälen, halbieren und fein würfeln. Knoblauchzehen schälen und fein hacken. Öl in einem Topf erhitzen und die Zwiebelwürfel und den gehackten Knoblauch darin andünsten. Sternanis, Zimtstange, Paprikapulver sowie Chiliflocken zugeben und kurz mitdünsten. Mit dem Malzbier ablöschen und etwa 15 Minuten bei mittlerer Temperatur köcheln lassen.

2 – Sternanis und Zimtstange entfernen und die Malzbier-Zwiebel-Reduktion mit dem Küchenstab fein pürieren. Honig, Ketchup und Limettensaft zugeben und weitere 10 Minuten bei geringer Temperatur köcheln lassen. Dabei gelegentlich umrühren. Es soll eine dickflüssige Konsistenz entstehen.

3 – Für das rauchige Aroma je nach Geschmack etwas Hickory-Rauchsalz zugeben. Mit etwas Pfeffer abschmecken. Die Sauce in vorbereitete Flaschen füllen und verschließen.

ZITRONEN-BÉARNAISE

FÜR CA. 400 ML

4 Eigelb
3 EL Zitronensaft
1 TL abgeriebene Schale
von 1 Zitrone
1 EL Estragonsenf
1 TL Zucker
300 g Butter
1 EL fein gehackter Kerbel
Salz
frisch gemahlener Pfeffer

ZUBEREITUNGSZEIT

ca. 15 Minuten

ZUBEREITUNG

1 – Die Eigelbe mit Zitronensaft, Zitronenschale, Senf und Zucker in eine Metallschüssel geben.

2 – Butter in einem Topf schmelzen und einmal kurz aufwallen lassen. Die warme Butter sehr langsam in die Eigelbmasse träufeln und dabei ständig mit dem Pürierstab untermixen. Es soll eine glatte, kompakte Masse entstehen. Kerbel unterrühren.

3 – Die Zitronen-Béarnaise mit Salz und Pfeffer abschmecken.

Saucen, Marinaden und Dips

PFLAUMENSAUCE MIT RÖSTZWIEBELN

FÜR CA. 500 ML

1 kleine Zwiebel
2 EL Rapsöl
100 g Backpflaumen
90 ml Portwein
90 ml Gemüsebrühe
150 ml naturtrüber Apfelsaft
2 EL Sojasauce
1 Msp. Zimt
Salz
frisch gemahlener Pfeffer

ZUBEREITUNGSZEIT

ca. 20 Minuten

ZUBEREITUNG

1 – Zwiebel schälen, halbieren und in feine Streifen schneiden. Rapsöl in einer Pfanne erhitzen und die Zwiebelstreifen darin bei mittlerer Temperatur langsam goldbraun anrösten. Aus der Pfanne nehmen und auf Küchenpapier abtropfen lassen.

2 – Die Backpflaumen grob hacken und mit Portwein und Gemüsebrühe in einen Topf geben. Zugedeckt etwa 15 Minuten leicht köcheln lassen. Dann Apfelsaft und Sojasauce zugeben, aufkochen und die Sauce fein pürieren.

3 – Mit Zimt, etwas Salz und Pfeffer abschmecken. Die Zwiebeln zugeben und untermengen.

CHIMICHURRI

FÜR CA. 250 ML

2 Bund glatte Petersilie
1 Limette
2 kleine Schalotten
2 Knoblauchzehen
1 kleiner roter Chili
1 kleiner grüner Chili
½ TL Fleur de Sel
8 schwarze Pfefferkörner
3 EL Olivenöl
½ TL getrockneter Thymian
½ TL getrockneter Oregano

ZUBEREITUNGSZEIT

ca. 25 Minuten

ZUBEREITUNG

1 – Petersilie waschen und trocken tupfen. Blätter von den Stielen zupfen und fein hacken. Die Hälfte der Limettenschale fein abreiben und den Saft der Limette auspressen. Schalotten und Knoblauchzehen schälen. Die Schalotte sehr fein würfeln. Den Knoblauch sehr fein hacken. Den Stiel der Chilis entfernen und die Schoten fein hacken. Die Pfefferkörner im Mörser fein mahlen.

2 – Fleur de Sel, Petersilie, Knoblauch, Chilis, Limettensaft sowie -schale zugeben und alles zu einer dickflüssigen Masse zerkleinern.

3 – Olivenöl, Schalottenwürfel, Thymian und Oregano zugeben und alles miteinander verrühren.

ORIENTALISCHER SCHAFSKÄSE-JOGHURT-DIP

FÜR CA. 500 ML

200 g Rahmjoghurt
100 g Magerquark
100 g Schafskäse
1 EL Olivenöl
1 EL frisch gepresster Zitronensaft
3 Lauchzwiebeln
1 TL Sesamsaat
1 EL fein gehackte Minze
½ TL Kreuzkümmel
1 TL Chiliflocken

ZUBEREITUNGSZEIT

ca. 15 Minuten

ZUBEREITUNG

1 – Rahmjoghurt mit dem Magerquark in eine Schüssel geben und miteinander verrühren. Schafskäse fein zerbröseln und untermengen. Olivenöl und Zitronensaft unterrühren.

2 – Lauchzwiebeln putzen und in dünne Ringe schneiden. Sesamsaat in einer Pfanne ohne Fett goldbraun anrösten.

3 – Gehackte Minze, Lauchzwiebelringe und die geröstete Sesamsaat zum Dip geben und alles miteinander verrühren. Mit Kreuzkümmel und Chiliflocken würzen.

TOMATENKETCHUP
MIT HIMBEEREN UND MANGO

FÜR CA. 700 ML

600 g aromatische Fleischtomaten
200 g Mango, geschält
250 g Himbeeren
1 mittelgroße Zwiebel
2 EL Olivenöl
150 g brauner Zucker
Saft von 1 Limette
100 ml Himbeeressig
Fleur de Sel
frisch gemahlener Pfeffer

ZUBEREITUNGSZEIT

ca. 55 Minuten

ZUBEREITUNG

1 – Die Tomaten putzen und fein würfeln. Die Mango ebenfalls in kleine Würfel schneiden. Die Himbeeren verlesen. Die Zwiebel schälen und fein würfeln.

2 – Olivenöl in einem Topf erhitzen und die Zwiebelwürfel darin glasig andünsten. Tomaten und Mangowürfel zugeben und ebenfalls kurz andünsten. Braunen Zucker untermengen und mit 100 ml Wasser ablöschen. Limettensaft und Himbeeressig zugießen und alles etwa 40 Minuten unter gelegentlichem Rühren bei mittlerer Temperatur köcheln lassen.

3 – Den Ketchup durch ein feines Haarsieb streichen und wieder in den Topf geben. Mit Fleur de Sel und Pfeffer abschmecken. Nochmals unter Rühren aufkochen und in vorbereitete Glasflaschen füllen. Sofort verschließen.

MEDITERRANE OLIVENSALSA

FÜR CA. 400 G

4 mittelgroße Tomaten
1 grüne Paprika
1 gelbe Paprika
1 grüner Chili
1 rote Zwiebel
3 EL Olivenöl
30 g schwarze Oliven
30 g grüne Oliven
2 EL heller Balsamicoessig
1 EL fein gehackte Petersilie
1 EL fein geschnittener Basilikum
Zucker
Salz
frisch gemahlener Pfeffer

ZUBEREITUNGSZEIT

ca. 45 Minuten

ZUBEREITUNG

1 – Den Backofen auf 180 °C vorheizen. Tomaten für 8 Sekunden in kochendes Wasser geben und dann sofort in kaltem Wasser abschrecken. Die Tomatenhaut mit einem kleinen Messer abziehen. Tomaten vierteln, entkernen, in kleine Würfel schneiden und in eine Schüssel geben.

2 – Paprika auf ein Backblech legen und etwa 20 Minuten im vorgeheizten Ofen backen. Die Haut der Paprikas soll Blasen werfen und schwarz werden. Aus dem Ofen nehmen und mit einem Küchentuch bedeckt auskühlen lassen.

3 – Chili der Länge nach halbieren, Stiel und Kerne entfernen. Die Schotenhälften fein würfeln oder hacken. Die Zwiebel schälen, halbieren und in feine Würfel schneiden. 1 EL Olivenöl in einer Pfanne erhitzen und die Chili- und Zwiebelwürfel darin andünsten. Die angedünsteten Würfel mit dem übrigen Olivenöl zu den Tomaten geben.

4 – Von der Paprika Haut, Stiele und Kerne entfernen. Das Fruchtfleisch in kleine Würfel schneiden. Die Oliven entsteinen und grob hacken. Paprika und Oliven ebenfalls zu den Tomaten geben. Alles miteinander vermengen und mit etwas Zucker, Salz und Pfeffer sowie dem Essig würzen. Vor dem Servieren die Kräuter untermengen.

APRIKOSEN-
BASILIKUM-QUARK

FÜR 4 PORTIONEN

1 Bund Basilikum
1 EL Pinienkerne
2 EL frisch gepresster Zitronensaft
3 EL Olivenöl
200 g Quark
100 g Schmand
4 frische Aprikosen
4 getrocknete Soft-Aprikosen
Salz
frisch gemahlener Pfeffer

ZUBEREITUNGSZEIT

ca. 60 Minuten

ZUBEREITUNG

1 – Die Basilikumblätter von den Zweigen zupfen. Die Pinienkerne in einer Pfanne ohne Fett goldbraun anrösten. Basilikumblätter, Pinienkerne, Zitronensaft und Olivenöl in ein hohes Gefäß geben und mit dem Pürierstab zu einer feinen Creme verarbeiten.

2 – Basilikumcreme mit Quark und Schmand verrühren. Mit Salz und Pfeffer würzen.

3 – Die frischen Aprikosen halbieren, entsteinen und die Aprikosenhälften fein würfeln. Die getrockneten Aprikosen ebenfalls in kleine Würfel schneiden. Die Aprikosenwürfel unter den Basilikumquark mengen.

ARTISCHOCKEN-KICHERERBSEN-DIP

FÜR CA. 500 ML

200 g Kichererbsen, abgetropft
3 Artischockenböden, abgetropft
2 Knoblauchzehen
2 EL Olivenöl
100 g Sauerrahm
60 g Joghurt
2 EL Tahin (Sesampaste)
½ TL Harissa (Chilipaste)
1 TL frisch gepresster Zitronensaft
2 EL fein gehackte Petersilie
Salz
frisch gemahlener Pfeffer

ZUBEREITUNGSZEIT

ca. 15 Minuten

ZUBEREITUNG

1 – Kichererbsen und Artischockenböden grob hacken und in ein hohes Gefäß geben. Knoblauch schälen und fein hacken. Olivenöl in einer Pfanne erhitzen und den Knoblauch darin andünsten. Zusammen mit Sauerrahm und Joghurt zu den Kichererbsen und Artischockenböden in das Gefäß geben und alles mit dem Stabmixer fein pürieren.

2 – Tahin, Harissa, Zitronensaft und Petersilie unterrühren. Mit Salz und etwas Pfeffer abschmecken.

LIMETTEN-CHILI-MAYONNAISE

FÜR CA. 350 ML

2 Knoblauchzehen
250 ml Öl
1 sehr frisches Ei
2 TL Senf
abgeriebene Schale und
Saft von ½ Limette
½ EL Chiliflocken
Salz
frisch gemahlener Pfeffer

ZUBEREITUNGSZEIT

ca. 35 Minuten

ZUBEREITUNG

1 – Knoblauchzehen schälen und sehr fein hacken. Öl und Knoblauch in einen hohen Mixbecher geben. Die restlichen Zutaten hinzugeben. Alles kräftig mit dem Mixstab verquirlen, bis eine Mayonnaise von cremiger Konsistenz entsteht.

MOJITO-SALSA

FÜR CA. 500 ML

1 roter Chili
½ gelbe Paprika
½ grüne Paprika
4 Knoblauchzehen
2 Schalotten
1 reife Fleischtomate
1 EL Kapern
3 EL brauner Rum
4 EL Tomatenmark
3 EL Olivenöl
3 EL frisch gepresster Limettensaft
½ Bund Koriander
1 EL fein geschnittener Oregano
Fleur de Sel
frisch gemahlener Pfeffer

ZUBEREITUNGSZEIT

ca. 25 Minuten

ZUBEREITUNG

1 – Chili vom Stiel befreien und fein hacken. Paprika entkernen und in feine Würfel schneiden. Knoblauchzehen schälen und sehr fein hacken. Schalotten schälen und fein würfeln. Tomate grob in Würfel schneiden.

2 – Chiliwürfel, fein gehackten Knoblauch, Schalotten- und Tomatenwürfel sowie die Kapern mit dem Rum im Mixer oder mit dem Pürierstab fein mixen. Tomatenmark, Olivenöl und Limettensaft zugeben. Alles kräftig durchmixen.

3 – Korianderblätter von den Stielen zupfen und fein hacken. Koriander, Oregano und Paprikawürfel unter die Salsa mengen. Mit Fleur de Sel und Pfeffer abschmecken.

SALATE
VOM GRILL

SALAT VON GEGRILLTEN KARTOFFELN UND SPARGEL MIT MOZZARELLA

FÜR 4 PORTIONEN

500 g neue Kartoffeln
5 EL Olivenöl
500 g weißer Spargel
500 g grüner Spargel
100 g Kirschtomaten
1 Bund Basilikum
150 g Büffelmozzarella
2 EL Balsamicoessig
4 EL klare Gemüsebrühe
Zucker
Salz
frisch gemahlener Pfeffer
etwas Rapsöl für die Spargelstangen

ZUBEREITUNGSZEIT

ca. 40 Minuten

ZUBEREITUNG

1 – Die Kartoffeln in kochendem Salzwasser bissfest garen und auf ein Sieb abgießen. Etwas auskühlen lassen und dann halbieren. In eine Grillschale geben und mit 2 EL Olivenöl marinieren.

2 – Den Spargel von den holzigen Enden befreien. Den weißen Spargel schälen und zusammen mit dem grünen Spargel in kochendem Salzwasser mit 1 Prise Zucker 4 Minuten garen. Auf ein Sieb abgießen, mit kaltem Wasser abkühlen und abtropfen lassen.

3 – Die Kirschtomaten halbieren. Die Basilikumblätter von den Zweigen zupfen. Den Mozzarella in kleine Stücke zupfen.

4 – Aus dem restlichen Olivenöl, Balsamicoessig und Gemüsebrühe ein Dressing rühren. Mit Salz, Pfeffer und Zucker abschmecken.

5 – Die Grillschale mit den Kartoffeln auf den Grill setzen und unter gelegentlichem Wenden etwa 6 Minuten grillen. Die weißen und grünen Spargelstangen etwas einölen und auf den Grillrost legen. 10 Minuten grillen und dabei mehrfach wenden.

6 – Den Spargel mit den Grillkartoffeln auf Tellern anrichten. Kirschtomaten, Mozzarella und Basilikumblätter darauf verteilen und mit dem Dressing marinieren.

SALAT VON GEGRILLTEN KAROTTEN MIT HONIG-THYMIAN-RICOTTA

FÜR 4 PORTIONEN

2 Bund kleine junge Karotten
4 EL Honig
4 EL Balsamicoessig
4 EL Olivenöl
150 g Ricotta
2 Schalotten
2 Thymianzweige
½ TL abgeriebene Schale
von 1 Zitrone
2 EL fein gehackte glatte Petersilie
Salz
frisch gemahlener Pfeffer

ZUBEREITUNGSZEIT

ca. 40 Minuten

ZUBEREITUNG

1 – Die Karotten vom Grün befreien und schälen. Dickere Karotten eventuell der Länge nach halbieren. In kochendem Salzwasser bissfest garen, auf ein Sieb abgießen und mit kaltem Wasser abkühlen.

2 – Honig mit Balsamicoessig und 3 EL Olivenöl in einen Topf geben und kurz aufkochen. Die Marinade in eine flache Schale geben und mit Salz und Pfeffer würzen. Die Karotten darin schwenken, sodass sie gleichmäßig mit der Marinade überzogen sind.

3 – Ricotta in eine Schale geben. Schalotten schälen, halbieren und in sehr feine Würfel schneiden. Die Thymianblättchen von den Zweigen zupfen. Das übrige Olivenöl in einer Pfanne erhitzen und die Schalottenwürfel darin glasig andünsten. Die Thymianblättchen zugeben und ebenfalls kurz andünsten. Etwas auskühlen lassen und mit der Zitronenschale zum Ricotta geben. Alles miteinander vermengen und mit Salz und Pfeffer würzen.

4 – Die Karotten auf dem Grill bei mittlerer Temperatur etwa 5 Minuten grillen, bis sie leicht karamellisieren. Dabei ständig wenden, damit sie nicht anbrennen.

5 – Die Karotten auf Tellern verteilen und mit der gehackten Petersilie bestreuen. Die übrige Marinade über den heißen Karotten verteilen und den Ricotta darauf anrichten. Mit der gehackten Petersilie bestreuen.

GEGRILLTER PAPRIKA-FRÜHLINGSZWIEBEL-SALAT MIT SALBITXADA

FÜR 4 PORTIONEN

4 Ñoras oder
andere kleine getrocknete Paprika
4 reife Strauchtomaten
4 Knoblauchzehen
60 g Haselnusskerne
2 Minzzweige
1 Scheibe Weißbrot
2 EL Rotweinessig
3 EL Olivenöl
4 rote Paprikas
2 Bund dicke Frühlingszwiebeln
Salz
frisch gemahlener Pfeffer

ZUBEREITUNGSZEIT

ca. 65 Minuten

TIPP

Die zwei äußeren verbrannten
Schichten der Frühlingszwiebeln
abziehen und das weiße Innere
in die Sauce tunken.

ZUBEREITUNG

1 – Paprika ca. 30 Minuten in warmem Wasser einweichen und dann die Kerne entfernen. In der Zwischenzeit die Tomaten in eine Grillschale geben und auf dem Grill weich garen. Den Knoblauch in Alufolie wickeln und in der Glut garen.

2 – Haselnusskerne grob hacken und in einer Pfanne ohne Fett anrösten. Die Minzblätter von den Zweigen pflücken. Das Brot mit dem Rotweinessig beträufeln. Den gegarten Knoblauch schälen und im Mörser mit Minzblättern, gerösteten Haselnüssen, Paprika und Brotscheibe zu einer Paste zerstoßen. Die gegarten Tomaten zugeben und alles zu einer glatten cremigen Soße verarbeiten. Dabei das Olivenöl langsamen untermischen. Die Salbitxada mit Salz und Pfeffer würzen.

3 – Paprika 20–25 Minuten auf dem Grill garen, bis die Haut dunkel wird und Blasen wirft. Dabei regelmäßig wenden. Die gegarten Paprika schälen und entkernen. Die Frühlingszwiebeln putzen und etwa 6 cm vom Grün abschneiden. Ebenfalls unter regelmäßigem Wenden garen, bis die äußere Haut schwarz wird.

4 – Die gegrillten Paprika mit den Frühlingszwiebeln auf Tellern anrichten und mit der Salbitxada servieren.

Salate vom Grill

CAESAR-SALAT
VOM GRILL

FÜR 4 PERSONEN

12 Scheiben Baguette
150 g Blauschimmelkäse
4 Romana-Salatherzen
1 Knoblauchzehe
1 EL Zitronensaft
1 TL scharfer Senf
1 Ei
120 ml Olivenöl
20 g frisch geriebener Parmesan
1 Prise Zucker
Salz
frisch gemahlener Pfeffer

ZUBEREITUNGSZEIT

ca. 35 Minuten

ZUBEREITUNG

1 – Die Baguettescheiben auf dem Grill von einer Seite anrösten. Den Blauschimmelkäse fein zerbröseln und auf den gegrillten Seiten der Brote verteilen. Auf einem zum Grill passenden Blech verteilen.

2 – Die Salatherzen waschen, putzen und der Länge nach halbieren. Die Knoblauchzehe schälen und sehr fein hacken. Knoblauch mit Zitronensaft, Senf, Ei, Olivenöl und Parmesan in ein hohes Gefäß geben und mit dem Stabmixer zu einem cremigen Dressing verarbeiten. Mit Zucker, Salz und Pfeffer würzen.

3 – Das Blech mit den Baguettescheiben auf den Grill setzen. Den Grilldeckel schließen und die Brote so lange rösten, bis der Käse anfängt zu verlaufen. Die Salatherzen auf dem Grill bei mittlerer Temperatur von jeder Seite etwa 2 Minuten grillen. Mit etwas Salz und Pfeffer würzen.

4 – Die Salatherzen mit den Blauschimmel-Baguettes auf Tellern anrichten. Das Dressing über die Salatherzen geben und sofort servieren.

BLUMENKOHLSALAT IN AVOCADO-ZWIEBEL-VINAIGRETTE

FÜR 4 PORTIONEN

1 großer Blumenkohl (ca. 1,5 kg)
2 unbehandelte Zitronen
2 EL brauner Zucker
1 TL Kreuzkümmel
4 EL Rapsöl
1 Avocado
1 Limette
2 rote Zwiebeln
100 ml Gemüsebrühe
2 EL Weißweinessig
1 EL Honig
4 EL Olivenöl
2 EL fein geschnittene
frische Minze
Salz
frisch gemahlener Pfeffer

ZUBEREITUNGSZEIT

ca. 60 Minuten

ZUBEREITUNG

1 – Blumenkohl putzen und in möglichst große Röschen teilen. In kochendem Salzwasser etwa 3 Minuten garen. Auf ein Sieb abgießen und mit kaltem Wasser abschrecken. Abtropfen lassen.

2 – Die Schale von einer Zitrone fein abreiben und den Saft beider Zitronen auspressen. Zitronenschale und -saft in einer Schüssel mit Zucker, Kreuzkümmel und Rapsöl zu einer Marinade verrühren. Mit etwas Salz und Pfeffer abschmecken. Den Blumenkohl in die Schüssel geben und mit der Marinade vermischen. Etwa 30 Minuten ziehen lassen.

3 – In der Zwischenzeit die Avocado halbieren, den Stein entfernen und das Fruchtfleisch mit einem Löffel aus der Schale heben. Avocado fein würfeln und in eine Schüssel geben. Den Saft der Limette auspressen und die Avocadowürfel damit marinieren.

4 – Zwiebeln schälen, halbieren und die Hälften in feine Streifen schneiden. Zwiebelstreifen zu den Avocados geben und alles mit Gemüsebrühe, Weißweinessig, Honig und Olivenöl verrühren. Mit Salz und Pfeffer abschmecken.

5 – Die Blumenkohlröschen aus der Marinade nehmen und direkt auf dem Grillrost oder in einer Grillschale etwa 8 Minuten auf dem Grill anrösten. Vor dem Servieren den gegrillten Blumenkohl mit der Minze in die Avocado-Zwiebel-Vinaigrette geben und etwa 20 Minuten ziehen lassen.

BURGER,
SANDWICHES & CO.

GEGRILLTE PAPRIKA AUF FLADENBROT MIT WILDKRÄUTERSALAT

FÜR 4 PORTIONEN

450 g Mehl zzgl.
etwas für die Arbeitsfläche
1 Pck. Trockenhefe
3 EL Olivenöl
6 Walnusskerne
1 TL Puderzucker
150 g cremiger Frischkäse
3 rote Paprika
3 gelbe Paprika
100 g Wildkräutersalat
2 EL Zitronensaft
2 EL Chiliöl
Salz
frisch gemahlener Pfeffer

ZUBEREITUNGSZEIT

ca. 80 Minuten

ZUBEREITUNG

1 – Den Backofen auf 220 °C vorheizen. Mehl mit Hefe und 1 Prise Salz in einer großen Schüssel gut mischen. 250 ml Wasser und Olivenöl zugeben. Alles zu einem glatten Teig verkneten. Mit einem Küchentuch abdecken und den Teig an einem warmen Ort gehen lassen, bis sich das Volumen verdoppelt hat.

2 – Teig durchkneten, in zwei Teile teilen und zu Kugeln formen. Auf einer bemehlten Arbeitsfläche etwas flach drücken, sodass ein runder Fladen entsteht. Ein Backblech mit Backpapier auslegen und die beiden Teigfladen darauflegen. Mit einem Küchentuch abgedeckt 20 Minuten gehen lassen. Dann etwa 20 Minuten im vorgeheizten Ofen backen.

3 – Walnüsse grob hacken und in einer Pfanne ohne Fett leicht anrösten. Mit Puderzucker bestäuben und karamellisieren. Auf einem Stück Backpapier auskühlen lassen. Dann mit Frischkäse vermengen und mit Salz und Pfeffer abschmecken. Den Grill anheizen.

4 – Paprikas im Ganzen auf den Grill über die Glut legen. Von allen Seiten kräftig grillen, dabei gelegentlich wenden. Die Haut darf richtig schwarz werden. Vom Grill nehmen und etwas auskühlen lassen. Schwarze Haut abschälen, Kerne und Stiel entfernen. Fruchtfleisch in große Stücke schneiden.

5 – Fladenbrote halbieren und jeweils eine Tasche in die Brothälften schneiden. Frischkäse darin verstreichen. Mit Paprikastücken füllen. Fladen so auf den Grillrost legen, dass sie möglichst wenig Hitze bekommen. Von jeder Seite etwa 2 Minuten anrösten.

6 – Wildkräutersalat mit Zitronensaft und Chiliöl marinieren. Mit Salz und Pfeffer würzen. Die Fladenbrote vom Grill nehmen, mit dem marinierten Salat füllen und sofort servieren.

GEGRILLTE LIMETTEN-QUESADILLAS MIT ZUCCHINIBLÜTEN

FÜR 4 PORTIONEN

10 kleine Zucchiniblüten
1 mittelgroße rote Zwiebel
1 kleiner Chili
2 Zweige Zitronenmelisse
2 EL Olivenöl
abgeriebene Schale von 1 Limette
1 TL frisch gepresster Limettensaft
8 Weizentortillas, 18 cm Ø
250 g frisch geriebener Cheddar
Salz
frisch gemahlener Pfeffer

ZUBEREITUNGSZEIT

ca. 25 Minuten

ZUBEREITUNG

1 – Zucchiniblüten putzen und klein schneiden. Zwiebel schälen, halbieren und fein würfeln. Chili vom Stiel befreien und fein hacken. Melissenblätter von den Zweigen zupfen und in feine Streifen schneiden.

2 – Olivenöl in einer Pfanne erhitzen und die Zwiebelwürfel darin glasig andünsten. Chili und Zucchiniblüten zugeben und ebenfalls andünsten. Limettenschale und Zitronenmelisse untermengen. Mit dem Limettensaft sowie etwas Salz und Pfeffer würzen.

3 – Die Zucchinimasse auf einer Hälfte der Tortillas verteilen und mit dem Cheddar bestreuen. Die andere Hälfte darüberklappen.

4 – Tortillas vorsichtig bei mittlerer Hitze auf den Grillrost legen und grillen, bis der Käse geschmolzen ist. Dabei einmal wenden. Vom Grill nehmen und sofort mit einem kalten Bier genießen.

AUBERGINENBURGER MIT HALLOUMI UND LIMETTEN-BASILIKUM-PESTO

FÜR 4 PORTIONEN

1 große Aubergine
1 Schalotte
1 Knoblauchzehe
120 ml Olivenöl
2 EL fein geschnittener Koriander
2 EL fein geschnittene glatte Petersilie
1 Eigelb
60 g frisch geriebener Parmesankäse
60 g Semmelbrösel
1 Bund Basilikum
30 g Pinienkerne
abgeriebene Schale und
Saft von ½ Limette
200 g Halloumi
4 Burgerbrötchen
8 Scheiben Gartengurke
1 Handvoll Pflücksalat
Salz
frisch gemahlener Pfeffer

ZUBEREITUNGSZEIT

ca. 40 Minuten

TIPP

Anstatt des Pestos schmeckt
der Auberginenburger auch mit
dem orientalischen Schafskäse-
Joghurt-Dip (s. Seite 26) sehr lecker!

ZUBEREITUNG

1 – Aubergine putzen und mit dem Sparschäler schälen. In etwa 1 cm große Würfel schneiden. Schalotte und Knoblauchzehe schälen und fein würfeln. 2 EL Olivenöl in einer Pfanne erhitzen und die Auberginenwürfel darin leicht anbraten. Schalotte und Knoblauch zugeben und kurz andünsten. Mit Salz und Pfeffer würzen und mit 3 EL Wasser ablöschen. Dünsten, bis die Flüssigkeit verdampft ist, und in einer Schüssel auskühlen lassen.

2 – Die Auberginenmasse mit den Kräutern, Eigelb, 30 g Parmesan und Semmelbröseln in den Mixer geben und fein pürieren. Aus der Masse vier Burger formen. Ist sie zu weich, noch ein paar Semmelbrösel untermengen.

3 – Halloumi in acht gleich dicke Scheiben schneiden. Basilikumblätter von den Zweigen zupfen. Pinienkerne in einer Pfanne ohne Fett goldbraun anrösten und auskühlen lassen. Basilikumblätter mit dem übrigen Parmesan, Pinienkernen, dem übrigen Olivenöl, Limettensaft und -schale im Mixer fein pürieren. Das Pesto mit Salz und Pfeffer abschmecken.

4 – Die Burger und den Halloumi auf dem Grill bei mittlerer Hitze von jeder Seite 2–3 Minuten grillen. Die Burgerbrötchen ebenfalls auf den Grill legen und die Innenseiten leicht anrösten.

5 – Die Brötcheninnenseiten mit dem Pesto bestreichen. Die Burger auf die unteren Brötchenhälften legen und darauf den Halloumi verteilen. Mit Gurkenscheiben und Salat garnieren und die Brötchendeckel daraufsetzen.

TOFU-NUSS-BURGER
MIT SÜSSKARTOFFELPOMMES

FÜR 4 PORTIONEN

400 g Tofu, natur
1 Ei
2 EL Sahne
80 g Buchweizenmehl
250 g gehackte gemischte Nüsse
400 g Süßkartoffeln
2 EL Rapsöl
1 rote Zwiebel
1 Ochsenherztomate
1 grüner Apfel
1 Handvoll Wildkräutersalat
3 EL Mayonnaise
1 EL Sahne-Meerrettich
4 Burgerbrötchen
Fleur de Sel
Chiliflocken
Salz
frisch gemahlener Pfeffer

ZUBEREITUNGSZEIT

ca. 40 Minuten

TIPP

Wer eine Sauce zu den Pommes servieren
möchte, sollte die Pflaumensauce mit
den Röstzwiebeln (s. Seite 22) probieren.

ZUBEREITUNG

1 – Tofu in acht gleich dicke Scheiben schneiden
und mit Salz und Pfeffer würzen. Das Ei mit der
Sahne in eine Schüssel geben und kräftig aufschla-
gen. Die Burger im Buchweizenmehl wenden, durch
die Eimasse ziehen und mit den gehackten Nüssen
panieren. Die Tofu-Nuss-Burger bis zur weiteren
Verwendung kalt stellen.

2 – Süßkartoffeln schälen und in etwa 1,5 cm dicke
Pommes schneiden. In eine Schüssel geben und mit
dem Rapsöl, etwas Fleur de Sel und Chiliflocken
marinieren. In einer Grillschale verteilen und etwa
15 Minuten ziehen lassen.

3 – In der Zwischenzeit die Zwiebel schälen und
in feine Ringe schneiden. Die Tomate putzen und
in acht gleich dicke Scheiben schneiden. Den Apfel
vom Stiel befreien, das Kerngehäuse ausstechen
und ebenfalls in acht gleich dicke Scheiben schneiden. Den Wildkräutersalat waschen, putzen und
auf einem Sieb abtropfen lassen. Die Mayonnaise
mit dem Sahne-Meerrettich verrühren.

4 – Die Pommes auf dem Grill etwa 15 Minuten unter gelegentlichem Wenden garen. Die Nuss-Burger
dann bei mittlerer Hitze auf dem Grill von jeder
Seite etwa 3 Minuten grillen. Die Innenseiten der
Burgerbrötchen ebenfalls kurz auf dem Grill anrösten.

5 – Die Unterseiten der Brötchen jeweils mit 1 EL
Meerettichmayonnaise bestreichen. Darauf die
Burger setzen und mit Zwiebelringen, Tomaten-
scheiben, Apfelscheiben und Wildkräutersalat be-
legen. Den Deckel auflegen und leicht andrücken.
Die Burger mit den Süßkartoffelpommes servieren.

BÁNH-MÌ-SANDWICH MIT GEGRILLTEM CHILITOFU UND KORIANDERGEMÜSE

FÜR 4 PORTIONEN

1 kleine Zucchini
4 Frühlingszwiebeln
1 gelbe Karotte
1 rote Zwiebel
½ Gurke
1 kleiner roter Rettich
1 Bund Koriander
4 EL Öl
2 EL Sesamöl
Saft von 1 Limette
100 g Mayonnaise
2 EL Chilisauce (z. B. Sriracha)
1 EL Sojasauce
150 g geräucherter Tofu
2 kleine rote Chilis
2 kleine Baguettes
Fleur de Sel
Salz
frisch gemahlener Pfeffer

ZUBEREITUNGSZEIT

ca. 35 Minuten

ZUBEREITUNG

1 – Gemüse putzen, Zwiebel und Gurke schälen. Alles in sehr feine Streifen schneiden. Die Korianderblätter von den Stielen zupfen. Das Gemüse im Wokaufsatz für den Grill oder in einer Pfanne in 2 EL heißem Öl kurz und kräftig anbraten. In eine Schale geben und mit etwas Salz und dem Sesamöl marinieren. Vom Limettensaft 1 EL zurückbehalten und den Rest mit den Korianderblättern untermengen. Die Mayonnaise in eine Schüssel geben und mit Chilisauce, Sojasauce und dem restlichen Limettensaft verrühren. Mit etwas Salz und Pfeffer abschmecken.

2 – Tofu in acht gleich dicke Scheiben schneiden und auf dem Grill von jeder Seite etwa 2 Minuten grillen.

3 – Chilis klein hacken und mit dem übrigen Öl und etwas Fleur de Sel im Mörser zu einer Paste verrühren. Den gegrillten Tofu mit der Chilipaste marinieren.

4 – Baguettes halbieren und der Länge nach aufschneiden, jedoch nicht ganz durchschneiden. Mit der Sauce bestreichen. Gemüse und Tofu darübergeben. Die Baguettes von jeder Seite 1 Minute grillen.

GEGRILLTES RACLETTE-APFEL-SANDWICH

FÜR 4 PORTIONEN

2 kleine rote Äpfel
2 Schalotten
1 TL brauner Zucker
½ TL frisch gepresster Zitronensaft
½ EL frisch gehackter Thymian
4 EL gesalzene Butter
120 g Raclettekäse mit grünem Pfeffer,
in Scheiben geschnitten
6 Walnusskerne
8 kleine Scheiben Bauernbrot

ZUBEREITUNGSZEIT

ca. 35 Minuten

ZUBEREITUNG

1 – Äpfel vierteln, entkernen, in feine Scheiben schneiden und in eine Schüssel geben. Schalotten schälen und in sehr feine Streifen schneiden. Mit Zucker und Zitronensaft zu den Apfelscheiben geben und alles gut miteinander vermischen. Die Apfelmischung in eine Grillschale geben und seitlich auf dem Grill etwa 5 Minuten garen. Vom Grill nehmen und abkühlen lassen.

2 – Thymian mit der Butter verrühren und die Brotscheiben damit bestreichen. Walnüsse hacken und mit den Äpfeln auf vier Brotscheiben verteilen. Mit dem Raclettekäse belegen. Die übrigen gebutterten Brotscheiben auf den Käse setzen und die Sandwiches fest zusammendrücken. Die Brote seitlich auf den Grillrost legen und von beiden Seiten anrösten, bis der Käse anfängt zu schmelzen.

FOCACCIABURGER MIT PESTOGEMÜSE UND GRILLKÄSE

FÜR 4 PORTIONEN

300 g Mehl zzgl.
etwas für die Arbeitsfläche
25 g frische Hefe
160 ml mildes Olivenöl
zzgl. etwas zum Bepinseln
1 kleine Knoblauchzehe
1 Bund Basilikum (ca. 75 g)
30 g Pinienkerne
20 g Parmesankäse
1 kleine Zucchini
1 große Karotte
2 Stangen Staudensellerie
1 Ochsenherztomate
1 Bund Rucola
200 g Grillkäse
Salz
Fleur de Sel
frisch gemahlener Pfeffer

ZUBEREITUNGSZEIT

ca. 40 Minuten

GEHZEIT

2 Stunden

TIPP

Wer möchte, kann das Gemüse auch
mit mediterranem Olivenpesto anstatt
des klassischen Pestos marinieren.

ZUBEREITUNG

1 – Mehl in eine Schüssel geben, eine Mulde in die Mitte drücken und die Hefe hineinbröseln. 150 ml lauwarmes Wasser und 80 ml Olivenöl zugießen. Mit etwas Mehl vom Rand mischen. Mit 1 TL Fleur de Sel zu einem glatten Teig verkneten. Abgedeckt ca. 1 Stunde gehen lassen.

2 – Für das Pesto Knoblauch schälen und klein schneiden. Basilikum waschen und trocken schütteln. Pinienkerne in einer Pfanne ohne Fett rösten. Parmesan reiben. Basilikum, Knoblauch und das restliche Olivenöl mit einem Stabmixer pürieren. Pinienkerne und Parmesan zugeben, nochmals pürieren und mit Salz abschmecken.

3 – Gemüse putzen, mit dem Sparschäler in dünne Streifen schneiden und mit dem Pesto marinieren. Tomate in acht dünne Scheiben schneiden. Mit Salz und Pfeffer würzen. Rucola putzen.

4 – Teig auf einer bemehlten Arbeitsfläche kräftig durchkneten und daraus vier gleich große Kugeln formen. Auf ein mit Backpapier ausgelegtes Backblech legen, etwas flach drücken. Jeweils einige Dellen in den Teig drücken und 20 Minuten gehen lassen.

5 – Teig mit etwas Fleur de Sel bestreuen. Das Blech auf den Grill setzen und 30 Minuten bei geschlossenem Deckel grillen. Alternativ können die Focaccia etwa 12 Minuten bei 220 °C im Backofen gebacken werden. Mit Olivenöl bepinseln.

6 – Grillkäse in acht dünne Scheiben schneiden. Auf dem heißen Grill von jeder Seite etwa 3 Minuten grillen. Die Focaccia aufschneiden und den unteren Teil mit Tomaten und mariniertem Gemüse belegen. Die gegrillten Käsescheiben auf dem Gemüse anrichten und den Rucola darauf verteilen. Den Focacciadeckel auf die Burger setzen und sofort servieren.

GERÖSTETES BIRNENSANDWICH MIT BLAUSCHIMMELKÄSE

FÜR 4 PORTIONEN

8 Scheiben Sauerteigbrot
4 EL Olivenöl
2 reife rote Birnen
100 g Blauschimmelkäse
1 EL Ahornsirup oder Honig

ZUBEREITUNGSZEIT

ca. 20 Minuten

ZUBEREITUNG

1 – Die Brotscheiben mit Olivenöl bepinseln. Die Birnen schälen, vierteln und das Kerngehäuse entfernen. Birnenviertel in dünne Scheiben schneiden. Den Blauschimmelkäse fein zerbröseln und mit den Birnenscheiben sowie dem Ahornsirup vermengen.

2 – Die Brotscheiben auf dem Grill von beiden Seiten kräftig anrösten. Die Käse-Birnen-Masse auf vier Brotscheiben verteilen. Die übrigen Brotscheiben daraufsetzen und die Sandwiches zusammendrücken. Halbieren und sofort genießen – am besten mit einem guten Glas Rotwein.

FALAFEL MIT RETTICH-PICKLES

FÜR 4 PORTIONEN

900 g weißer Rettich
1 Rote Bete
2 grüne Chilis
4 EL Weißweinessig
1 großer Bund glatte Petersilie
1 Frühlingszwiebel
2 Knoblauchzehen
300 g Kichererbsen
100 g TK-Erbsen
60 g Kichererbsenmehl
2 EL Semmelbrösel
1 TL geröstete Sesamsaat
1 EL frisch gepresster Zitronensaft
1 kleine Gartengurke
4 Pita-Taschen
1 TL Kreuzkümmel
Salz
frisch gemahlener Pfeffer
etwas Olivenöl zum Bestreichen

MARINIERZEIT

5 Tage

ZUBEREITUNGSZEIT

ca. 30 Minuten

TIPP

Als Sauce eignet sich
der orientalische Schafskäse-
Joghurt-Dip (s. Seite 26).

ZUBEREITUNG

1 – Rettich schälen und in kleine Stifte von etwa 1 cm Dicke und 4 cm Länge schneiden. Rote Bete ebenfalls schälen und halbieren. 1 l kaltes Wasser in eine Schüssel geben und mit dem Essig und 20 g Salz verrühren. Die Rettichstifte mit der Roten Bete und den Chilis darin einlegen. Die Schüssel mit Klarsichtfolie abdecken und die Rettich-Pickles etwa 5 Tage ziehen lassen.

2 – Petersilienblätter von den Zweigen zupfen. Ein Drittel davon zurückbehalten und den Rest fein hacken. Frühlingszwiebel putzen, der Länge nach halbieren und in sehr feine Streifen schneiden. Knoblauchzehen schälen und sehr fein hacken. Kichererbsen mit Erbsen, Frühlingszwiebeln, Knoblauch und der gehackten Petersilie in den Mixer geben und pürieren. Anschließend Kichererbsenmehl, Semmelbrösel und Sesam unterarbeiten. Die Masse mit Zitronensaft, Kreuzkümmel und etwas Salz und Pfeffer abschmecken.

3 – Aus der Falafelmasse zwölf gleich große Bällchen formen, etwas flach drücken und leicht mit etwas Olivenöl bestreichen. Auf dem Grill von jeder Seite 2–3 Minuten grillen. Die Pita-Taschen ebenfalls auf den Grill legen und etwas angrillen. Die Gurke in Scheiben schneiden.

4 – Die Pita-Taschen mit den Falafelbällchen, der übrigen Petersilie, den Gurkenscheiben und den Rettich-Pickles füllen.

PORTOBELLOBURGER MIT PFIRSICH

FÜR 4 PORTIONEN

4 Pfirsiche
1 Knoblauchzehe
2 EL Sojasauce
3 EL milder Balsamicoessig
4 EL Öl
4 Portobellos
1 Avocado
1 TL frisch gepresster Limettensaft
1 EL frisch gehackte Petersilie
2 Tomaten
4 Frühlingszwiebeln
1 Schale Gartenkresse
½ Bund Rucola
1 rote Zwiebel
4 große Hamburger-Brötchen
Salz
frisch gemahlener Pfeffer
4 lange Holzspieße

ZUBEREITUNGSZEIT

ca. 45 Minuten

ZUBEREITUNG

1 – Pfirsiche halbieren und den Stein entfernen. Knoblauchzehe schälen und sehr fein hacken. Knoblauch mit Sojasauce, Balsamicoessig, 3 EL Öl, etwas Salz und Pfeffer zu einer Marinade verrühren. Die Portobellos etwa 30 Minuten in der Marinade einlegen.

2 – Avocado halbieren, den Stein entfernen und das Fruchtfleisch mit einem Löffel aus der Schale lösen. Fruchtfleisch in eine Schale geben und mit Limettensaft und Petersilie fein pürieren. Mit Salz und Pfeffer würzen.

3 – Tomaten in etwa 1 cm dicke Scheiben schneiden. Frühlingszwiebeln putzen und halbieren. Kresse putzen und vom Beet schneiden. Zwiebel schälen und in feine Ringe schneiden. Die Hamburger-Brötchen halbieren.

4 – Portobellos und Pfirsichhälften auf den heißen Grill legen und von jeder Seite 4 Minuten grillen. Frühlingszwiebeln für 4 Minuten mit auf den Grill geben, nach 2 Minuten wenden. Die Hamburger-Brötchen ebenfalls von der Innenseite etwas anrösten.

5 – Auf den unteren Teil vom Brötchen einen dicken Klecks Avocadocreme geben. Darauf Rucolablättchen, Tomatenscheiben und Zwiebelringe verteilen. Dann einen Portobello, zwei Stückchen Frühlingszwiebeln und zwei Pfirsichhälften daraufsetzen. Mit der Kresse bestreuen, den Brötchendeckel daraufsetzen und alles mit einem Holzspieß fixieren.

GEGRILLTE TEIGSPIESSE MIT KNOBLAUCH, TOMATEN UND PARMESAN

FÜR 4 PORTIONEN

200 g Kirschtomaten, rot und gelb gemischt
3 EL Olivenöl
2 Prisen Zucker
4 Knoblauchzehen
500 g Mehl
20 g frische Hefe
100 g frisch geriebener Parmesan
1 EL frisch gehackter Rosmarin
Salz

TROCKENZEIT

ca. 6 Stunden

GEHZEIT

1 Stunde

ZUBEREITUNGSZEIT

ca. 30 Minuten

TIPP

Mit mediterraner Olivensalsa (s. Seite 30)
oder Artischocken-Kichererbsen-Dip
(s. Seite 34) servieren.

ZUBEREITUNG

1 – Den Backofen auf 90 °C vorheizen. Die Tomaten halbieren, in eine Schüssel geben und mit 2 EL Olivenöl marinieren. Mit etwas Salz und 1 Prise Zucker würzen. Auf einem mit Backpapier ausgelegten Backblech verteilen. Die Tomaten für 5–6 Stunden im Backofen trocknen. Acht dicke Stöcke entrinden und 2 Stunden in einen Eimer mit Wasser stecken.

2 – Knoblauchzehen schälen und sehr fein hacken. Mehl in eine Schüssel sieben und eine Mulde hineindrücken. Die Hefe fein zerbröseln und mit dem restlichen Zucker in die Mulde geben. Mit 250 ml lauwarmem Wasser verrühren und mit etwas Mehl vom Rand vermischen. Teig an einem warmen Ort etwa 30 Minuten gehen lassen.

3 – Teig mit dem restlichen Olivenöl, 1 TL Salz, Rosmarin, Knoblauch und Parmesan zu einem geschmeidigen Teig verkneten. Die getrockneten Kirschtomaten halbieren und unterkneten. Den Teig wieder zudecken und weitere 30 Minuten gehen lassen.

4 – Anschließend jeweils eine Handvoll Teig zu einem langen Strang formen. Die Teigstränge mittig um die Stöcke wickeln. Über den Grill legen und unter ständigem Drehen über der starken Glut 15–20 Minuten garen.

GEGRILLTE EMPANADAS

FÜR 4 PORTIONEN

250 g Weizenmehl
zzgl. etwas für die Arbeitsfläche
250 g Maismehl
100 g weiche Butter oder Margarine
5 EL Olivenöl
2 EL Milch
1 Ei (Größe M)
½ EL Zucker
1 mittelgroße Zwiebel
2 Knoblauchzehen
1 Zucchini
1 Aubergine
3 Strauchtomaten
100 g Ziegenfrischkäse
2 Thymianzweige
1 Eigelb
Salz
frisch gemahlener Pfeffer

RUHEZEIT

2 Stunden

ZUBEREITUNGSZEIT

ca. 45 Minuten

TIPP

Um die Teigreste nicht wegwerfen zu müssen, kann aus der Empanadasmasse auch eine überdimensionierte Riesen-Empanada hergestellt werden. Die macht nicht so viel Arbeit und schmeckt mindestens genauso gut.

ZUBEREITUNG

1 – Beide Mehlsorten in einer großen Schüssel miteinander vermengen. In der Mitte eine Mulde formen und Butter, 2 EL Olivenöl, Milch, Ei, Zucker und 1 EL Salz hineingeben. Alles vermischen und zu einem glatten Teig verkneten. Dabei nach und nach 150 ml lauwarmes Wasser zugeben. Den Teig in Klarsichtfolie wickeln und für 2 Stunden im Kühlschrank ruhen lassen.

2 – Zwiebel und Knoblauchzehen schälen. Zwiebel halbieren und die Hälften fein würfeln. Knoblauch fein hacken. Zucchini und Aubergine putzen und in etwa 0,5 cm große Würfel schneiden. Strauchtomaten vom Stiel befreien, vierteln und entkernen. Tomatenviertel in kleine Würfel schneiden. Thymianblättchen von den Zweigen zupfen.

3 – Das restliche Olivenöl in einer Pfanne erhitzen. Zwiebelwürfel und gehackten Knoblauch darin glasig andünsten. Auberginen- und Zucchiniwürfel zugeben und kräftig anbraten. Tomatenwürfel und Thymianblättchen ebenfalls zugeben und alles bei mittlerer Temperatur etwa 6 Minuten köcheln lassen. Vom Herd nehmen und in einer Schüssel abkühlen lassen. Den Ziegenfrischkäse zerbröseln und unter die Gemüsemasse mengen. Mit etwas Salz und gemahlenem Pfeffer abschmecken.

4 – Teig auf einer bemehlten Arbeitsfläche 2–3 mm dick ausrollen. Mit einem runden Ausstecher von 12 cm Ø etwa 16 Kreise ausstechen. Die Füllung mittig auf den Teigkreisen verteilen. Die Ränder mit etwas Wasser befeuchten, die Kreise zusammenklappen und die Ränder mit den Zinken einer Gabel fest zusammendrücken. Das Eigelb mit 2 EL Wasser verquirlen und die Empanadas damit bestreichen.

5 – Die Empanadas mit der bestrichenen Seite nach oben bei mittlerer Temperatur 15–20 Minuten auf den Grill legen, bis sie knusprig sind. Einmal wenden.

AUFGESPIESST

BBQ-SEITANRIBS MIT GEGRILLTEN AUBERGINEN IN PFLAUMEN-SESAM-VINAIGRETTE

FÜR 4 PORTIONEN

600 g Seitan (möglichst dicke Stücke)
70 ml BBQ-Sauce mit Malzbier (s. Seite 18)
2 EL Sojasauce
1 EL Limettensaft
2 EL Rapsöl
4 kleine Auberginen
1 EL Pflaumenmus
3 EL klare Gemüsebrühe
3 EL Obstessig
1 EL Sesamöl
1 TL geröstete Sesamsaat
4 EL Olivenöl
Salz
frisch gemahlener Pfeffer

ZUBEREITUNGSZEIT

ca. 35 Minuten

ZUBEREITUNG

1 – Den Seitan in etwa 1 cm dicke Rippen schneiden. BBQ-Sauce, Sojasauce, Limettensaft und Rapsöl zu einer Marinade verrühren. Die Seitanribs in der Marinade einlegen und etwa 1 Stunde marinieren.

2 – In der Zwischenzeit die Auberginen der Länge nach halbieren und das Fruchtfleisch rautenförmig einschneiden. Das Fruchtfleisch leicht salzen und etwa 30 Minuten ruhen lassen. Mit der eingeschnittenen Seite nach unten auf einem Stück Küchenpapier abtropfen lassen und mit dem Olivenöl bestreichen. Mit etwas Pfeffer würzen.

3 – Pflaumenmus, Gemüsebrühe, Obstessig, Sesamöl und Sesamsaat zu einer Vinaigrette verrühren.

4 – Die Auberginen auf den Grill legen und von jeder Seite etwa 6 Minuten grillen. Die Seitanribs ebenfalls auf dem Grill verteilen und von jeder Seite etwa 4 Minuten grillen.

5 – Die Auberginen vom Rost nehmen und auf einer Platte anrichten. Mit der Pflaumen-Sesam-Vinaigrette marinieren und noch heiß mit den Seitanribs servieren.

TANDOORISPIESSE MIT BLUMENKOHL UND KARTOFFELN MIT MANGO-RAITA

FÜR 4 PORTIONEN

1 reife Mango
400 g griechischer Joghurt
1 TL Senfsaat
½ TL Bockshornkleesamen
1–2 rote Chilis
1 EL Ghee oder Rapsöl
2 EL fein geschnittener Koriander
1 Blumenkohl (ca. 1 kg)
500 g kleine festkochende Kartoffeln
(z. B. Drillinge)
1–2 EL Tandooripaste
1 EL Rapsöl
1 EL Honig
1 EL frisch gepresster Limettensaft
4 Naan-Brote
4 Limettenecken
Salz
einige Holzspieße, in Wasser eingelegt

ZUBEREITUNGSZEIT

ca. 50 Minuten

ZUBEREITUNG

1 – Die Mango schälen, das Fruchtfleisch vom Kern schneiden und fein würfeln. Den Joghurt in eine Schüssel geben und mit den Mangowürfeln verrühren. Die Chilis vom Stiel befreien und fein hacken. Wer es nicht so scharf mag, sollte vorher die Kerne entfernen. Den Ghee in einer Pfanne erhitzen und die Senfsaat darin anrösten, bis sie anfängt, in der Pfanne zu hüpfen. Dann die gehackten Chilis und die Bockshornkleesamen zugeben und etwa 30 Sekunden anrösten. Die Mischung mit 1 EL Koriander unter den Mangojoghurt rühren.

2 – Den Blumenkohl putzen, in große Röschen schneiden und in kochendem Salzwasser 3 Minuten garen. Auf ein Sieb abgießen und mit kaltem Wasser abschrecken. Die Kartoffeln ebenfalls in Salzwasser bissfest garen. Auf ein Sieb abgießen, auskühlen lassen und halbieren.

3 – Blumenkohlröschen und halbierte Kartoffeln abwechselnd auf die Holzspieße stecken. Die Tandooripaste mit Öl, Honig und Limettensaft verrühren und die Gemüsespieße damit marinieren.

4 – Die Spieße auf den Grill legen und rundherum etwa 8 Minuten grillen, bis sie Farbe annehmen. Das Naan-Brot ebenfalls kurz auf dem Grill anrösten.

5 – Die Spieße mit etwas Mango-Raita und jeweils einer Limettenecke auf Tellern anrichten. Mit dem übrigen Koriander bestreuen und mit dem Naan-Brot servieren.

GEGRILLTER SESAM-BROKKOLI MIT PFLAUMEN UND RICOTTA

FÜR 4 PORTIONEN

3 Köpfe Brokkoli
1 TL Sesamsaat
4 EL Olivenöl
abgeriebene Schale von 1 Zitrone
2 EL frisch gepresster Zitronensaft
4 große Pflaumen
2 EL Hoisin-Sauce
150 g Ricotta
Fleur de Sel
frisch gemahlener Pfeffer

ZUBEREITUNGSZEIT

ca. 35 Minuten

ZUBEREITUNG

1 – Den Brokkoli waschen, putzen und in große Röschen teilen. In kochendem Salzwasser 2 Minuten garen, auf ein Sieb abgießen, in kaltem Wasser abschrecken und abtropfen lassen. Die Brokkoliröschen in eine Schüssel geben und mit Sesam, Olivenöl, Zitronenschale und -saft marinieren.

2 – Die Pflaumen vierteln und den Stein entfernen. Brokkoli und Pflaumen abwechselnd auf Spieße stecken. Auf dem Grill bei geschlossenem Deckel und mittlerer Hitze etwa 6 Minuten garen.

3 – Ricotta mit Hoisin-Sauce verrühren. Die gegarten Brokkolispieße mit etwas Salz und Pfeffer würzen und mit dem Ricotta servieren.

Aufgespießt

GEGRILLTER GRÜNER SPARGEL MIT SÜSSKARTOFFELN UND TOFU

FÜR 4 PORTIONEN

8 grüne Spargelstangen
2 kleine Süßkartoffeln
300 g Tofu, natur
1 Limette
1 roter Chili
2 Frühlingszwiebeln
2 Knoblauchzehen
4 EL Sojasauce
2 EL Sesamöl
1 TL Currypaste
2 dicke Scheiben Ingwer
Salz
frisch gemahlener Pfeffer
8 Holzspieße, in Wasser eingelegt

MARINIERZEIT

60 Minuten

ZUBEREITUNGSZEIT

ca. 40 Minuten

TIPP

Servieren Sie die Spieße mit
Aprikosen-Basilikum-Quark (s. Seite 33).

ZUBEREITUNG

1 – Den Spargel von den holzigen Enden befreien und die Stangen dann in jeweils drei gleich lange Stücke schneiden. Die Süßkartoffeln schälen, der Länge nach halbieren und in etwa 1,5 cm dicke Stücke schneiden. Spargel- und Süßkartoffelstücke getrennt voneinander in kochendem Salzwasser 3 Minuten garen, auf ein Sieb abgießen und mit kaltem Wasser abkühlen.

2 – Den Tofu in etwa 1,5 cm dicke und 6 cm lange Stücke schneiden und auf Küchenpapier abtropfen lassen. Die Limette halbieren und eine Hälfte in dünne Scheiben schneiden. Die andere Limettenhälfte auspressen. Den Chili der Länge nach halbieren. Die Frühlingszwiebeln putzen und in dünne Ringe schneiden. Die Knoblauchzehen schälen und grob hacken. Sojasauce mit Sesamöl, Limettensaft sowie Currypaste verrühren und in einen Frischhaltebeutel geben. Limettenscheiben, Chilihälfte, Frühlingszwiebeln und Ingwer ebenfalls in den Beutel geben. Alles gut miteinander vermengen. Die Tofustücke dazugeben, den Beutel verschließen und den Tofu darin etwa 60 Minuten marinieren.

3 – Den marinierten Tofu abwechselnd mit dem Spargel und den Süßkartoffelstücken auf die Holzspieße verteilen. Mit etwas Salz und Pfeffer würzen. Auf dem Grill bei 180 °C etwa 10 Minuten grillen, dabei gelegentlich wenden.

SEITANYAKITORI MIT KASHAGEMÜSE

FÜR 4 PORTIONEN

150 g Kasha
(gerösteter Buchweizen)
250 g Seitanmedaillons
3 EL Sesamsaat
6 EL Sojasauce
2 EL Reisessig
6 EL Sake
40 g Honig
1 EL Sesamöl
½ TL Chiliflocken
1 kleine Karotte
1 kleine Zucchini
200 g Zuckerschoten
40 g Erdnusskerne, natur
1 Bund Schnittlauch
3 EL Olivenöl
Gomasio
(japanisches Sesamgewürz)
Salz

MARINIERZEIT

60 Minuten

ZUBEREITUNGSZEIT

ca. 40 Minuten

ZUBEREITUNG

1 – Kasha in reichlich Salzwasser garen, auf ein Sieb abgießen und abtropfen lassen. Seitanmedaillons in möglichst große Würfel schneiden und auf Holzspieße stecken. Sesamsaat in einer Pfanne ohne Fett goldbraun anrösten.

2 – Sojasauce, Reisessig, Sake, 20 g Honig und Sesamöl in einer flachen Schale kräftig verrühren und mit etwas Salz und Chiliflocken würzen. Die Seitanspieße in die Marinade geben und für 1 Stunde marinieren. Die Spieße gelegentlich drehen. Den übrigen Honig mit 1 EL Wasser und dem gerösteten Sesam verrühren.

3 – Karotte schälen und in dünne Scheiben schneiden. Zucchini in etwa 1 cm große Würfel schneiden. Zuckerschoten putzen. Das Gemüse getrennt voneinander bissfest garen, auf ein Sieb geben und abtropfen lassen. Erdnusskerne grob hacken und in einer Pfanne ohne Fett goldbraun rösten.

4 – Kasha mit dem Gemüse in eine Schale geben und alles gut miteinander vermengen. Schnittlauch in feine Röllchen schneiden und untermengen. Mit Olivenöl marinieren und etwas Gomasio würzen.

5 – Die Seitanspieße aus der Marinade nehmen und auf dem heißen Grill von jeder Seite grillen. Vom Grill nehmen und mit der Honig-Sesam-Mischung bestreichen. Die Yakitorispieße mit dem Kashagemüse servieren.

SATTMACHER

ZIEGENKÄSE MIT PORTWEINFEIGEN, HONIG UND THYMIAN

FÜR 4 PORTIONEN

8 kleine Feigen
4 EL Portwein
8 Ziegenfrischkäsetaler
4 EL Blütenhonig
4 EL Olivenöl
10 Haselnusskerne
8 Thymianzweige
½ TL frische grüne Pfefferkörner

ZUBEREITUNGSZEIT

ca. 25 Minuten

TIPP

Zum warmen, verlaufenen Käse
passt ein Stück frisches Baguette,
das kurz auf dem Grill angeröstet wird.

ZUBEREITUNG

1 – Die Feigen vierteln und auf jeweils einem Stück leicht geölter Alufolie von ca. 20 x 20 cm verteilen. Mit dem Portwein marinieren. Die Ziegenfrisch–käsetaler auf die Feigen legen und mit Honig und Olivenöl beträufeln.

2 – Haselnusskerne grob hacken und über den Käse streuen. Jeweils mit einem Thymianzweig belegen. Den grünen Pfeffer fein hacken und darüberstreuen.

3 – Die Alufolie zu einem Päckchen zusammen-falten. Auf den Grill legen und etwa 6 Minuten garen.

GEGRILLTER TOFU UND ANANAS MIT FRÜHLINGSZWIEBELN

FÜR 4 PORTIONEN

12 Frühlingszwiebeln
500 g fester Tofu
400 g geschälte frische Ananas
20 g geschälter Ingwer
1 Schalotte
2 Knoblauchzehen
100 ml Ananassaft
2 EL vegane Worcestersauce
3 EL Sojasauce
3 EL Olivenöl
frisch gemahlener Pfeffer

MARINIERZEIT

60 Minuten

ZUBEREITUNGSZEIT

ca. 50 Minuten

ZUBEREITUNG

1 – Die Frühlingszwiebeln putzen. Den Tofu in acht gleich große Stücke schneiden. Die Ananas in vier etwa 1 cm dicke Ringe schneiden und den Rest fein würfeln. Die Ingwerknolle fein hacken. Die Schalotte schälen und fein würfeln. Die Knoblauchzehen schälen und fein hacken.

2 – Das Olivenöl in einer Pfanne erhitzen und Ingwer, Schalotte und Knoblauch darin andünsten. Mit dem Ananassaft ablöschen und die Worcestersauce sowie die Sojasauce zugießen. Alles aufkochen und um etwa ein Drittel reduzieren. Die Ananaswürfel zugeben und weitere 5 Minuten bei mittlerer Temperatur köcheln lassen.

3 – Den Tofu in eine flache Schale geben, die Ananasmarinade darübergießen und auskühlen lassen. Etwa 1 Stunde marinieren.

4 – Den Tofu aus der Marinade nehmen und auf dem leicht geölten Grillrost von jeder Seite etwa 4 Minuten grillen. Dabei immer wieder mit der Marinade bestreichen. Frühlingszwiebeln und Ananasscheiben ebenfalls auf den Grill legen und etwa 5 Minuten rundherum garen.

5 – Den Tofu mit etwas frisch gemahlenem Pfeffer würzen und mit Frühlingszwiebeln und Ananasscheiben auf Tellern anrichten. Die übrige Marinade kurz aufkochen und dazu servieren.

TOFU MIT BRAUNEM ZUCKER UND BOURBON AUF GRÜNEN TOMATEN

FÜR 4 PORTIONEN

4 EL Bourbon
4 EL Sojasauce
1,5 EL brauner Zucker
1 TL Cayennepfeffer
1 Knoblauchzehe
2 Rosmarinzweige
300 g Tofu, natur
400 g grüne Tomaten
1 rote Zwiebel
3 EL frisch gepresster Limettensaft
3 EL klare Gemüsebrühe
3 EL Olivenöl
1 EL Honig
Salz
frisch gemahlener Pfeffer

MARINIERZEIT

2 Stunden

ZUBEREITUNGSZEIT

ca. 25 Minuten

ZUBEREITUNG

1 – Aus Bourbon, Sojasauce, braunem Zucker und Cayennepfeffer in einer großen Schale eine Marinade rühren. Die Knoblauchzehe schälen und in dünne Scheiben schneiden. Mit dem Rosmarin in die Marinade geben. Den Tofu in etwa 1 cm dicke Scheiben schneiden und in der Marinade einlegen. Etwa 2 Stunden darin marinieren, dabei gelegentlich wenden.

2 – In der Zwischenzeit die Tomaten in dünne Scheiben schneiden. Die Zwiebel schälen und in dünne Ringe schneiden. Aus Limettensaft, Gemüsebrühe, Olivenöl und Honig ein Dressing rühren und mit etwas Salz und Pfeffer abschmecken. Tomaten und Zwiebeln in eine Schüssel geben und mit dem Dressing marinieren.

3 – Den Tofu aus der Marinade nehmen und bei mittlerer Hitze auf dem Grill von jeder Seite 4 Minuten grillen. Dabei immer wieder mit der Marinade bestreichen.

4 – Den Tomatensalat auf Tellern verteilen und den gegrillten Tofu darauf anrichten.

GEGRILLTE SÜSSKARTOFFELN MIT KIRSCH-MACADAMIA-SALSA

FÜR 4 PORTIONEN

1 rote Zwiebel
½ gelbe Paprika
1 EL eingelegte Jalapeños
2 EL fein gehackte Macadamianüsse
80 g getrocknete Sauerkirschen
2 EL Kirschmarmelade
1 EL fein gehackter Koriander
2 EL frisch gepresster Limettensaft
4 kleine Süßkartoffeln (à ca. 250 g)
4 EL Ponzu (Rezept s. Seite 17)
Salz
frisch gemahlener Pfeffer
Olivenöl zum Bestreichen

ZUBEREITUNGSZEIT

ca. 30 Minuten

ZUBEREITUNG

1 – Die Zwiebel schälen, halbieren und die Hälften fein würfeln. Die Paprika von den Kernen und den weißen Häutchen befreien und ebenfalls in feine Würfel schneiden. Die Jalapeños fein hacken. Die gehackten Macadamias in einer Pfanne ohne Fett goldbraun anrösten. Die Sauerkirschen fein hacken. Alles in eine Schüssel geben und mit Kirschmarmelade, Koriander, 1 EL Wasser und Limettensaft verrühren.

2 – Die Süßkartoffeln der Länge nach in etwa 5 mm dicke Scheiben schneiden und dünn mit Olivenöl bestreichen. Mit etwas Salz würzen. Auf den Grill legen und bei mittlerer Hitze und geschlossenem Deckel 12 Minuten grillen. Nach 6 Minuten wenden.

3 – Die Ponzu-Sauce in einen tiefen Teller geben. Die gegrillten, heißen Süßkartoffelscheiben kurz durch die Ponzu-Sauce ziehen und auf Tellern mit etwas Kirsch-Macadamia-Salsa anrichten.

Sattmacher

GEFÜLLTE SPITZPAPRIKA
MIT HUMMUS

FÜR 4 PORTIONEN

80 g Langkornreis
1 mittelgroße Zwiebel
2 EL gehackte Mandeln
5 EL Olivenöl
1 Prise gemahlener Safran
2 TL Kreuzkümmel
2 TL Paprikapulver rosenscharf
20 g Rosinen
80 g Schafskäse
10 Minzblätter
4 große hellgrüne Spitzpaprika
200 g Kichererbsen
80 ml klare Gemüsebrühe
40 g Tahin (Sesampaste)
2 EL Zitronensaft
1 EL Chiliflocken
Salz

ZUBEREITUNGSZEIT

ca. 35 Minuten

ZUBEREITUNG

1 – Den Langkornreis in kochendem Salzwasser garen und auf ein Sieb abgießen. Die Zwiebel schälen, halbieren und fein würfeln. Die Mandeln in einer Pfanne ohne Fett goldbraun anrösten, aus der Pfanne nehmen und 2 EL Olivenöl darin erhitzen. Die Zwiebelwürfel dazugeben und anbraten, bis sie leicht Farbe nehmen. Safran und jeweils 1 TL Kreuzkümmel und Paprikapulver zugeben und kurz anrösten. Den gekochten Reis und die Rosinen zugeben und alles gut miteinander vermischen. In eine Schale geben, etwas abkühlen lassen. Schafskäse zerbröseln, die Minzblätter fein schneiden und beides untermischen.

2 – Von den Spitzpaprika jeweils den Stielansatz etwa 2 cm breit abschneiden. Die Kerne und die weißen Häutchen aus den Schoten herausschneiden und diese mit der Reismischung füllen. Die Stieldeckel wieder aufsetzen und mit Zahnstochern fixieren.

3 – Die Kichererbsen mit Gemüsebrühe, Tahin, 2 EL Olivenöl und Zitronensaft in ein hohes Gefäß geben und fein pürieren.

4 – Mit dem übrigen Kreuzkümmel, Paprikapulver und etwas Salz abschmecken und in eine flache Schale füllen. In der Mitte mit einem Löffel eine Mulde formen und das übrige Olivenöl hineingießen. Mit den Chiliflocken bestreuen.

5 – Die Spitzpaprika auf dem Grill bei mittlerer Temperatur unter gelegentlichem Wenden etwa 10 Minuten grillen. Die gegrillten Paprika mit dem Hummus servieren.

GEFÜLLTER KÜRBIS VOM GRILL

FÜR 4 PORTIONEN

1 Hokkaidokürbis (ca. 500 g)
2 Schalotten
2 Stangen Staudensellerie
6 getrocknete Aprikosen
100 g Feta
120 g Couscous
160 ml klare Gemüsebrühe
3 EL Olivenöl
60 g geröstete Cashewkerne
2 EL fein gehackte Petersilie
Salz
frisch gemahlener Pfeffer

ZUBEREITUNGSZEIT

ca. 35 Minuten

ZUBEREITUNG

1 – Vom Kürbis etwa das obere Drittel als Deckel abschneiden. Die Kerne und die Fäden aus dem Kürbis mithilfe eines Löffels herauskratzen. Den Kürbis dann mit der Öffnung nach oben etwa 10 Minuten auf dem Grill vorgaren. Den Deckel ebenfalls 6 Minuten auf den Grill geben.

2 – Die Schalotten schälen und in feine Würfel schneiden. Den Staudensellerie putzen und in dünne Scheiben schneiden. Die Aprikosen fein hacken. Den Feta fein zerbröseln. Den Couscous in eine Schüssel geben. Die Brühe aufkochen und den Couscous damit übergießen. 10 Minuten quellen lassen.

3 – Das Olivenöl in einer Pfanne erhitzen und die Schalottenwürfel und die Selleriescheiben darin glasig andünsten. Mit etwas Salz und Pfeffer würzen. Cashewkerne hacken. Zusammen mit Gemüse, Aprikosen, Feta und Petersilie unter den Couscous mengen. Den vorgegarten Kürbis mit dem Couscous füllen und den Deckel aufsetzen.

4 – Den Kürbis auf den Grillrost setzen und bei geschlossenem Deckel nochmals 20 Minuten garen.

GEGRILLTE HASELNUSSPOLENTA MIT NEKTARINEN

FÜR 4 PORTIONEN

600 ml klare Gemüsebrühe
40 g kalte Butter
150 g Instant-Polenta
60 g Haselnüsse, gemahlen
4 EL Olivenöl
zzgl. etwas für den Grillrost
4 kleine Nektarinen
frisch gemahlener Pfeffer

ZUBEREITUNGSZEIT

ca. 40 Minuten

TIPP

Servieren Sie etwas Zitronen-Béarnaise
(Rezept s. Seite 20) zur Polenta.
Einfach wunderbar!

ZUBEREITUNG

1 – Die Gemüsebrühe mit der Butter in einem Topf aufkochen und unter schnellem Rühren mit einem Holzlöffel die Polenta einrieseln lassen. Bei geringer Hitze etwa 5 Minuten unter regelmäßigem Rühren aufquellen lassen. Die Haselnüsse und 2 EL Olivenöl unterrühren. Die Masse etwa 1,5 cm dick auf ein Blech streichen und auskühlen lassen.

2 – Die ausgekühlte Polenta in nicht zu kleine Rechtecke schneiden und mit dem übrigen Olivenöl bestreichen.

3 – Den Grillrost leicht einölen. Die Nektarinen halbieren und den Stein entfernen. Polenta und Nektarinen auf dem Grill bei mittlerer Temperatur von jeder Seite etwa 4 Minuten grillen. Die Polenta vom Grill nehmen und mit etwas Pfeffer würzen. Mit den Nektarinen auf Tellern anrichten.

GEGRILLTER MAISKOLBEN
MIT KORIANDERBUTTER

FÜR 4 PORTIONEN

8 Maiskolben
½ Bund Koriander
60 g Butter zzgl. etwas zum Bestreichen
2 EL frisch gepresster Limettensaft
1 TL Chiliflocken
Fleur de Sel

ZUBEREITUNGSZEIT

ca. 35 Minuten

ZUBEREITUNG

1 – Die Maiskolben in reichlich kochendem Salzwasser etwa 20 Minuten garen.

2 – In der Zwischenzeit die Blätter von den Korianderzweigen zupfen und in feine Streifen schneiden. Butter mit Limettensaft, Chiliflocken und etwas Fleur de Sel schmelzen. Die Korianderstreifen zugeben.

3 – Die gegarten Maiskolben für 10–15 Minuten auf den Grill legen und dabei gelegentlich wenden. Hin und wieder mit Korianderbutter bestreichen.

GEGRILLTER CHICORÉE MIT HASELNÜSSEN UND ZITRUSFRUCHTBUTTER

FÜR 4 PORTIONEN

2 gelbe Chicorée
2 rote Chicorée
10 Haselnusskerne
1 Orange
1 Limette
1 rosa Grapefruit
1 EL brauner Zucker
80 g Butter
1 EL fein gehackte Petersilie
Salz
frisch gemahlener Pfeffer

ZUBEREITUNGSZEIT

ca. 30 Minuten

ZUBEREITUNG

1 – Chicorée putzen und der Länge nach halbieren. Die Haselnusskerne grob hacken und in einer Pfanne ohne Fett etwas anrösten. Die Zitrusfrüchte mit einem scharfen Messer schälen, dabei auch die dünne weiße Haut mit herunterschneiden. Die Fruchtfilets zwischen den Trennhäuten herausschneiden. Den herabtropfenden Saft in einem kleinen Topf auffangen.

2 – Saft mit Zucker aufkochen und dickflüssig reduzieren. Butter zugeben und unterrühren. Chicoréeblätter in die Butter geben und leicht erwärmen. Herausnehmen und auf dem Grill von beiden Seiten jeweils 5 Minuten garen.

3 – Die gegrillten Chicoréehälften auf Tellern anrichten, mit Salz und Pfeffer würzen. Mit Haselnusskernen und Petersilie bestreuen. Mit der lauwarmen Zitrusfruchtbutter servieren.

GEGRILLTE PORTOBELLOS MIT GUACAMOLE

FÜR 4 PORTIONEN

2 reife Avocados
1 kleine rote Zwiebel
1 Knoblauchzehe
1 kleiner grüner Chili
1 TL frisch gepresster Limettensaft
1 EL fein geschnittener Koriander
150 g Büffelmozzarella
4 Portobellos
2 große Strauchtomaten
4 Limettenecken
Fleur de Sel
frisch gestoßener Pfeffer

ZUBEREITUNGSZEIT

ca. 30 Minuten

ZUBEREITUNG

1 – Für die Guacomole die Avocados halbieren, den Kern entfernen und das Fruchtfleisch mit einem Löffel aus der Schale löffeln. Zwiebel schälen, halbieren und in feine Würfel schneiden. Knoblauchzehe schälen und sehr fein hacken. Chili vom Stiel befreien und ebenfalls fein hacken. Avocadofruchtfleisch, Zwiebelwürfel, gehackte Knoblauchzehe und Chili in eine Schüssel geben. Mit einer Gabel zu einem cremigen Dip verarbeiten. Mit dem Limettensaft sowie etwas Fleur de Sel abschmecken. Koriander untermengen.

2 – Büffelmozzarella in vier gleich große Scheiben schneiden. Pilze so auf den Grill legen, dass die Lamellen nach unten zeigen. Nach 4 Minuten wenden und nochmals 4 Minuten grillen, dabei die Oberseite mit dem Mozzarella belegen. Die Pilze wenden und den Mozzarella auf der Lamellenseite verteilen. Nochmals 4 Minuten grillen. Die halbierten Tomaten ebenfalls mit der Schnittfläche nach oben auf den Grill legen und etwa 5 Minuten grillen.

3 – Pilze und Tomaten mit etwas Fleur de Sel und Pfeffer würzen. Die Tomatenhälften auf den geschmolzenen Mozzarella setzen und jeweils einen Klecks Guacamole darübergeben. Auf Tellern anrichten und mit der übrigen Guacamole sowie den Limettenecken servieren.

LINSENBÄLLCHEN MIT GEGRILLTEM KRÄUTER-GEMÜSE-SALAT

FÜR 4 PORTIONEN

500 g Berglinsen
2 Eigelb
40 g Walnusskerne
40 g Haselnusskerne
2 TL Kurkuma
4 EL Paniermehl
2 Schalotten
1 Bund Petersilie
1 Bund Koriander
1 unbehandelte Zitrone
6 EL Olivenöl
2 Zucchini
250 g Kirschtomaten,
rot und gelb gemischt
200 g braune Champignons
Salz
frisch gemahlener Pfeffer

ZUBEREITUNGSZEIT

ca. 50 Minuten

ZUBEREITUNG

1 – Linsen in reichlich Salzwasser weich garen und auf ein Sieb abgießen.

2 – In der Zwischenzeit die Nusskerne in einer Pfanne ohne Fett etwas anrösten und dann fein hacken. Zwei Drittel der Linsen mit dem Mixstab fein pürieren und das Linsenpüree mit Eigelben, gehackten Nüssen, Kurkuma, Paniermehl und den übrigen Linsen zu einer nicht zu klebrigen Masse verarbeiten. Eventuell noch etwas Paniermehl unterarbeiten. Mit Salz und Pfeffer würzen. Die Linsenmasse dann bis zur weiteren Verwendung kühl stellen.

3 – Schalotten schälen, der Länge nach halbieren und in feine Streifen schneiden. Petersilie und Koriander von den Stielen befreien und grob hacken. Mit dem Sparschäler drei dünne Scheiben Zitronenschale herunterschneiden und in feine Streifen schneiden. Den Zitronensaft auspressen. Zucchini in etwa 1,5 cm dicke Scheiben schneiden. Kirschtomaten halbieren. Champignons ebenfalls halbieren.

4 – Aus der gekühlten Linsenmasse etwa 5 cm große Bällchen formen und diese etwas flach drücken. Das Gemüse mit 2 EL Olivenöl marinieren, mit Salz und Pfeffer würzen und in eine Grillschale geben. Auf den Grill setzen und unter gelegentlichem Wenden bissfest garen. Parallel die Bällchen auf dem Grillrost von beiden Seiten knusprig grillen.

5 – Gehackte Kräuter, Schalottenwürfel und Zitronenschale in einer Schüssel vermischen und mit Zitronensaft sowie dem übrigen Olivenöl marinieren. Das gegarte Gemüse zum Kräutersalat geben und miteinander vermengen. Die Linsenbällchen mit dem Kräuter-Gemüse-Salat servieren.

DESSERTS

GEGRILLTE WASSERMELONE MIT SÜSSEM MINZPESTO

FÜR 4 PORTIONEN

1 Bund Minze
1 EL Zucker
60 g Mandeln
1 EL frisch gepresster Zitronensaft
1 EL Blütenhonig
2 EL Olivenöl
½ kleine rote Wassermelone
½ kleine gelbe Wassermelone

ZUBEREITUNGSZEIT

ca. 35 Minuten

ZUBEREITUNG

1 – Für das süße Pesto die Minzblätter von den Stielen zupfen. Zucker in 3 EL kochendem Wasser auflösen und kalt stellen. Mandeln hacken und in einer Pfanne ohne Fett rösten. Minzblätter mit den gerösteten Mandeln, Zitronensaft, Olivenöl, Blütenhonig und Zuckersirup in einen hohen Mixbecher geben. Mit dem Pürierstab alles zu einem glatten Pesto verarbeiten.

2 – Die Wassermelonen in etwa 2 cm dicke Scheiben schneiden und auf dem heißen Grill von jeder Seite 2–3 Minuten grillen. Mit dem Minzpesto servieren.

GEGRILLTE APRIKOSENSPIESSE MIT MANGO UND ROSMARIN

FÜR 4 PORTIONEN

1 reife Mango
5 Aprikosen
4 lange Rosmarinspieße
1 Limette
1 Prise gemahlener Kardamom

ZUBEREITUNGSZEIT

ca. 25 Minuten

ZUBEREITUNG

1 – Mango schälen und dünne Streifen herunterschneiden. Aprikosen halbieren, entkernen und die Aprikosenhälften nochmals halbieren. Aprikosenstücke mit den Mangostreifen umwickeln und auf die Rosmarinspieße stecken.

2 – Den Saft der Limette auspressen und mit Kardamom verrühren. Die Aprikosenspieße auf dem heißen Grill etwa 4 Minuten garen, nach 2 Minuten wenden. Die fertig gegrillten Spieße mit dem Kardamom-Limetten-Saft marinieren.

IM PERGAMENT GEGRILLTES BEERENCRUMBLE

FÜR 4 PORTIONEN

20 g Mehl
20 g gemahlene Mandeln
20 g gemahlene Haselnüsse
60 g Knuspermüsli
50 g Butter
200 g Himbeeren
200 g Erdbeeren
100 g Blaubeeren
100 g Brombeeren
einige Minzblätter

ZUBEREITUNGSZEIT

ca. 35 Minuten

ZUBEREITUNG

1 – Den Backofen auf 180 °C vorheizen. Mehl, Mandeln, Haselnüsse und Knuspermüsli in eine Schüssel geben und mit 30 g Butter vermengen. Die Masse auf einem mit Backpapier ausgelegten Backblech verteilen und für 10 Minuten in den Ofen geben. Aus dem Ofen nehmen und auskühlen lassen.

2 – In der Zwischenzeit die geputzten Beeren auf vier Bögen Backpapier verteilen und die übrige Butter flöckchenweise darauf verteilen. Den ausgekühlten Crumbleteig darüberstreuen. Das Papier gut verschließen. Den Grillrost mit Alufolie auskleiden und die Päckchen für 10 Minuten auf den heißen Grill setzen und garen.

3 – Die Päckchen dann vom Grill nehmen und auf Teller setzen. Das Papier am Tisch öffnen – so kommt jeder in den Genuss des ausströmenden Beerendufts – und mit den Minzblättern garnieren.

GEGRILLTE PFIRSICHE MIT HIMBEERSAUCE

FÜR 4 PORTIONEN

6 möglichst kleine Pfirsiche
4 EL Balsamicoessig
2 TL brauner Zucker
250 g Himbeeren
2 EL Granatapfelsirup
½ TL Ingwerpulver
2 EL Amaretto

ZUBEREITUNGSZEIT

ca. 50 Minuten

ZUBEREITUNG

1 – Die Pfirsiche halbieren und den Stein entfernen. Den Balsamicoessig mit dem braunen Zucker verrühren, bis sich der Zucker aufgelöst hat, und die Pfirsiche damit etwa 30 Minuten marinieren.

2 – Himbeeren mit Granatapfelsirup, Ingwerpulver und Amaretto in ein hohes Gefäß geben und mit dem Mixstab fein pürieren. Die Himbeersauce durch ein feines Sieb streichen und beiseitestellen.

3 – Die Pfirsiche aus der Balsamicomarinade nehmen. Die übrige Marinade aufheben. Die Pfirsiche auf einem eingeölten Grillrost bei mittlerer Temperatur grillen, bis sie leicht Farbe annehmen. Dabei immer wieder mit der Marinade bestreichen. Die gegrillten Pfirsiche mit der Himbeersauce servieren.

GEGRILLTE MARSHMALLOWS
AUF BUTTERKEKSEN MIT SCHOKOLADE

FÜR 4 PORTIONEN

200 g Mehl zzgl.
etwas für die Arbeitsfläche
1 Prise Salz
120 g kalte Butter
90 g Puderzucker
4 Eigelb
½ Vanilleschote
100 g dunkle Kuvertüre
16 vegane Marshmallows

ZUBEREITUNGSZEIT

ca. 75 Minuten

ZUBEREITUNG

1 – Das Mehl mit dem Salz in eine Schüssel geben. Die Butter in kleine Stückchen schneiden und alles zusammen zu einem bröseligen Teig verkneten. Den gesiebten Puderzucker untermengen, drei Eigelbe und das ausgekratzte Mark der Vanilleschote zugeben. Alles zügig zu einem kompakten, glatten Teig verarbeiten. Den Teig in ein Stück Klarsichtfolie wickeln und für 20 Minuten im Kühlschrank ruhen lassen.

2 – Den Backofen auf 180 °C vorheizen. Den Teig auf einer bemehlten Arbeitsfläche flach drücken und etwa 0,5 cm dick ausrollen. Das geht besonders gut, wenn der Teig mit etwas Klarsichtfolie bedeckt ist. Aus dem Teig rechteckige Kekse ausstechen und auf einem mit Backpapier ausgelegten Backblech verteilen.

3 – Das übrige Eigelb mit 1 EL Wasser verrühren und die Kekse damit dünn bestreichen. Das Eigelb etwas antrocknen lassen und eine zweite Schicht darüberstreichen. Die Kekse in den vorgeheizten Backofen geben und 10–12 Minuten goldbraun backen. Aus dem Ofen nehmen und auskühlen lassen.

4 – In der Zwischenzeit die Kuvertüre sehr fein hacken. Acht Stücke Aluminiumfolie (20 x 20 cm) ausbreiten. Jeweils einen Keks darauflegen und mit etwas Schokolade bestreuen. Jeweils zwei Marshmallows auf die Schokolade setzen und mit einem weiteren Keks bedecken. Die Alufolie um die Kekse schlagen und gut zusammenfalten. Die Päckchen dann für 3 Minuten auf den Grill legen und diesen, wenn möglich, mit dem Deckel schließen.

5 – Ein Päckchen von Grill nehmen und prüfen, ob die Marshmallows schon leicht geschmolzen sind. Alle Päckchen vom Grill nehmen und sofort genießen.

GEGRILLTE ANANASRINGE MIT BLITZSORBET

FÜR 4 PORTIONEN

1 reife Ananas
1 EL Butter
1 EL Honig
1 EL Kokosflocken
300 g TK-Himbeeren oder
Erdbeeren oder beides gemischt
30 g Puderzucker
1 TL Limettensaft
1 EL Cointreau
Salz

ZUBEREITUNGSZEIT

ca. 25 Minuten

ZUBEREITUNG

1 – Die Ananas schälen und dabei auch die holzigen Augen herausschneiden. Die Ananas in etwa 1,5 cm dicke Scheiben schneiden und mit einem Ausstecher den Strunk entfernen. Die Scheiben leicht mit etwas Salz bestreuen.

2 – Die Butter in einen Topf geben und auf dem Grill oder dem Herd schmelzen. Honig und Kokosflocken zugeben und alles kurz aufkochen. Die Ananasscheiben auf dem Grill bei mittlerer Temperatur von jeder Seite 4–5 Minuten grillen.

3 – In der Zwischenzeit die tiefgefrorenen Beeren in ein hohes Gefäß füllen. Puderzucker, Limettensaft und Cointreau zugeben. Mit dem Stabmixer zu einem glatten Sorbet mixen. Bis zur Verwendung in das Tiefkühlfach stellen.

4 – Die heißen Ananasscheiben mit der Butter-Honig-Kokos-Marinade bestreichen. Mit dem Blitzsorbet auf Tellern anrichten und sofort servieren.

REZEPTE

REGISTER

IMPRESSUM

Gries Deco Company GmbH
Boschstraße 7
D-63843 Niedernberg

Genehmigte Sonderausgabe der
Fackelträger Verlag GmbH, Köln

Rezepte und Foodstyling: Guido Gravelius
Fotos Innenteil und Umschlag: Kay Johannsen
Redaktion: Svenja K. Sammet

Alle Rechte vorbehalten